A ARTE DE REZAR

Célio Reginaldo Calikoski

A ARTE DE REZAR

ORAÇÕES NA CATEQUESE

EDITORA VOZES

Petrópolis

© 2019, Editora Vozes Ltda.
Rua Frei Luís, 100
25689-900 Petrópolis, RJ
www.vozes.com.br
Brasil

Todos os direitos reservados. Nenhuma parte desta obra poderá ser
reproduzida ou transmitida por qualquer forma e/ou quaisquer meios
(eletrônico ou mecânico, incluindo fotocópia e gravação)
ou arquivada em qualquer sistema ou banco de dados
sem permissão escrita da editora.

CONSELHO EDITORIAL

Diretor
Gilberto Gonçalves Garcia

Editores
Aline dos Santos Carneiro
Edrian Josué Pasini
Marilac Loraine Oleniki
Welder Lancieri Marchini

Conselheiros
Francisco Morás
Ludovico Garmus
Teobaldo Heidemann
Volney J. Berkenbrock

Secretário executivo
João Batista Kreuch

Diagramação: Editora Vozes
Revisão gráfica: Editora Vozes
Capa: Érico Lebedenco

ISBN 978-85-326-6218-7

Editado conforme o novo acordo ortográfico.

Este livro foi composto e impresso pela Editora Vozes Ltda.

SUMÁRIO

Apresentação.. 9

Introdução... 11

ORAÇÕES DO VENTRE MATERNO
ATÉ OS CINCO ANOS

Sinal da cruz.. 15

Glória-ao-Pai... 15

Santo Anjo do Senhor... 16

Anjinho da guarda.. 16

Anjo da minha guarda... 17

Agradecer o lanchinho.. 17

Oração de boa noite.. 18

Oração da manhã.. 18

Oração da gestante.. 19

Oração do futuro papai... 20

ORAÇÃO DOS SEIS
AOS OITO ANOS

Pai-nosso.. 23

Ave-Maria... 24

Glória-ao-Pai.. 24

Oração para antes das refeições................. 25

Oração para depois das refeições.............. 25

Oração da manhã...................................... 26

Oração da noite... 27

ORAÇÃO DOS NOVE
AOS DEZ ANOS

Consagração a Nossa Senhora.................... 31

Salve-Rainha... 32

Oração do Angelus (reza-se ao meio-dia)............... 33

Ato de contrição.. 34

Creio... 35

Hino de louvor.. 36

Confissão dos pecados............................... 37

Oração do Rosário...................................... 38

Agradecimento.. 43

Ladainha de Nossa Senhora...................... 44

ORAÇÃO DOS 11 AOS 12 ANOS

Invocação ao Espírito Santo...................................... 51

Oração ao Espírito Santo.. 52

Oração da Paz.. 53

Alma de Cristo... 54

Oração ao Sagrado Coração de Jesus....................... 55

Oração do jovem.. 55

Oração do estudante... 56

CATEQUISTAS E CATEQUIZANDOS EM ORAÇÃO

Orar no silêncio... 59

Rezando com a Palavra... 60

Rezar com a natureza.. 61

Rezar pelas vocações... 62

Rezar pela paz.. 63

Rezar pelos aniversariantes....................................... 64

Rezar pela família.. 66

Rezar em ação de graças... 67

Rezar pelos doentes da comunidade........................ 68

Rezar pelos catequistas.. 69

Apresentação

"Da boca das crianças e dos pequeninos sai um louvor que confunde vossos adversários, e reduz ao silêncio vossos inimigos" (Sl 8,3).

Com muita honra e alegria quero apresentar este livro de orações – *A arte de rezar* – que o distinto amigo Célio Calikoski escreveu, pensando, sobretudo, nas crianças e também nos seus principais educadores na fé: pais e catequistas.

Que tal fazer do coração das crianças também um lugar de oração? Este livro tem exatamente essa nobre finalidade. Proporcionar às crianças, desde o ventre materno até os inesquecíveis tempos da catequese, momentos orantes, que tornarão suas vidas marcadas com uma luz própria que só aqueles e aquelas que já fizeram a experiência da oração podem testemunhar.

A oração significa conversar com Deus. Escutar e falar, falar e escutar. Exatamente como dois amigos se falam: com interesse, com alegria, com empatia, com sinceridade, com apreço e comunhão de vida.

Pergunto: Haveria herança melhor a ser dada a uma criança do que aquela de ajudá-la a aprender a virtude da oração que lhe apresentará o próprio Deus como seu amigo fiel até o último dia de sua vida e depois na vida eterna?

Este livro de orações pretende ser um instrumento que estimule principalmente os pais e catequistas a ensinarem e também fazerem a experiência da oração junto com as crianças.

As orações estão organizadas respeitando os estágios de desenvolvimento das crianças. Palavras simples e claras, porém orações que podem ser facilmente aprendidas. Desde mantras com uma só frase até a meditação do terço com todos os seus mistérios estão contemplados no texto.

Recomendo a leitura e, sobretudo, a utilização deste livro para que as crianças, tão amadas e acolhidas por Jesus (cf. Mt 19,14), possam aprender a arte de rezar e assim viver o dom de sua vida na presença segura e forte de Deus.

Que todas as crianças, então, cresçam assim como Jesus: em idade, sabedoria e graça (Lc 2,52). Boa oração com as crianças!

Padre Sidnei José Reitz – Assessor da Catequese da Diocese de União da Vitória e Pároco na Paróquia Nossa Senhora do Perpétuo Socorro de São Mateus do Sul – Diocese de União da Vitória.

Introdução

Quando nasce uma criança é uma alegria imensa. Muitas pessoas desejam aos pais e à criança felicidades, e que Deus ilumine o caminho dessa criança.

Uma das principais missões dos pais, das mães, das avós, das madrinhas e dos padrinhos, é ensinar as crianças a rezarem. A dificuldade é grande, pois estamos na era digital e damos muita importância aos meios eletrônicos, às vezes, até para ensinar a rezar. Tem muitas orações que já estão esquecidas em nosso meio, precisamos relembrá-las para formarmos as nossas crianças dentro da fé cristã católica.

E você, criança, que tem interesse em conhecer melhor a Jesus, as orações são um ótimo meio para isso.

A oração nos traz paz, consolo e nos ajuda no amadurecimento da fé. Jesus, em várias passagens bíblicas, nos ensina o valor da oração: Oração do Pai-nosso (Mt 6,9-13); Pedir com insistência (Lc 11,10-13); Retirar-se para o deserto para orar (Lc 5,16).

Este livro foi escrito com o objetivo de ensinar as orações básicas de todo cristão católico e incentivar a espiritualidade desde a infância. Na primeira parte, o livro contempla orações distribuídas pela idade: do ventre materno até os cinco anos as orações com frases curtas e fáceis de decorar; dos seis aos oito anos as orações cotidianas, orações antes e depois das refeições e orações da manhã e da noite; dos nove anos até dez anos orações à Maria Santíssima, Ato de contrição, o terço e as orações da missa; dos 11 aos 12 anos as orações ao Divino Espírito Santo e à Santíssima Trindade, oração ao Sagrado Coração de Jesus, oração pela paz, oração dos jovens. Na segunda parte propomos orações para serem realizadas na catequese com sugestões para os catequistas e catequizandos desenvolverem a oração.

ORAÇÕES DO VENTRE MATERNO ATÉ OS CINCO ANOS

Sinal da cruz

Pelo sinal da santa cruz, livrai-nos,
Deus nosso Senhor, dos nossos inimigos.
Em nome do Pai e do Filho e do Espírito Santo.
Amém!

Glória-ao-Pai

Glória ao Pai, ao Filho e ao Espírito Santo.
Como era no princípio, agora e sempre.
Amém!

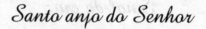

Santo anjo do Senhor

Santo anjo do Senhor, meu zeloso e guardador.
Se a ti me confiou a piedade divina,
sempre me rege, me guarda, me governa e
me ilumina. Amém!

Anjinho da guarda

Anjinho da guarda, meu bom amiguinho,
me leve sempre pelo bom caminho.

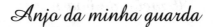

Anjo da minha guarda

Anjo da minha guarda, doce companhia,
não me desampare, nem de noite,
nem de dia.

Agradecer o lanchinho

Ó meu bondoso Papai do Céu,
queremos agradecer o lanchinho
que agora vamos comer. Amém!

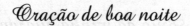

Oração de boa noite

Ó meu Jesus, agradeço a você pelo dia que passou e peço que proteja meu sono dos monstros da noite; também proteja meu pai e minha mãe. Amém!

Oração da manhã

Ó meu Jesus, meu amiguinho, agradeço por ter me dado um bom sono e peço, neste dia que se inicia, a proteção para mim, para meu pai, para minha mãe e todas as pessoas deste mundão de Deus.

Oração da gestante

Meu Senhor e meu Deus, eu agradeço pelo dom da vida, agradeço pela vida desta criança que cresce em mim. Protege-me de todo mal e perigo enquanto esta criança cresce dentro de mim. Entrego em tuas mãos, meu Deus, as minhas preocupações, a saúde e o bem-estar desta criança que está no interior do meu corpo. Abençoe, desde já, a mim e a esta criança. Que a minha gestação e o parto ocorram na tua proteção e que seja feita a tua vontade. Amém!

Oração do futuro papai

Senhor, agradeço por concederes a graça de ser pai. Que eu possa, com tua graça, ser firme na missão que me destes. Com tua ajuda, que eu possa orientá-lo neste mundo; com palavras e atitudes de amor, gratidão, respeito e solidariedade. Dá-me paciência e sabedoria para que possa discernir o certo do errado na educação desse novo ser. Que eu seja, a exemplo de São José, um modelo de pai próximo da perfeição. Amém!

ORAÇÃO DOS SEIS
AOS OITO ANOS

Pai-nosso

Pai nosso que estais nos céus, santificado seja o vosso nome; venha a nós o vosso reino, seja feita a vossa vontade assim na terra como no céu. O pão nosso de cada dia nos dai hoje; perdoai-nos as nossas ofensas, assim como nós perdoamos a quem nos tem ofendido; e não nos deixeis cair em tentação, mas livrai-nos do mal. Amém!

Ave-Maria

Ave Maria, cheia de graça, o Senhor é convosco;
bendita sois vós entre as mulheres, e bendito é o
fruto do vosso ventre, Jesus. Santa Maria,
Mãe de Deus, rogai por nós, pecadores,
agora e na hora da nossa morte. Amém!

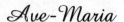

Glória-ao-Pai

Glória ao Pai, ao Filho e ao Espírito Santo.
Como era no princípio, agora e sempre. Amém!

Oração para antes das refeições

Abençoai, Senhor, os alimentos que vamos tomar;
que eles renovem as nossas forças para
melhor vos servir e amar.

Oração para depois das refeições

Ó meu bom Deus, agradeço pela alimentação que
acabo de degustar e peço humildemente que abençoe a
todos que trabalharam para que essa comida chegasse
até mim e peço, também, que não falte alimento a
ninguém neste imenso mundo.

Oração da manhã

Senhor, no silêncio deste dia que amanhece, venho pedir-te a paz, a sabedoria e a força. Quero olhar hoje o mundo com olhos cheios de amor, ser paciente e compreensivo, manso e prudente; quero ver meus irmãos além das aparências como Tu mesmo os vê e, assim, não ver senão o bem em cada um. Cerra meus ouvidos a toda calúnia. Guarda minha língua de toda maldade. Que só de bênçãos se encha meu espírito. Que eu seja tão bondoso e alegre que todos quantos se achegarem de mim sintam tua presença. Reveste-me de tua beleza, Senhor; e que, no decurso deste dia, eu te revele a todos. Amém!

Oração da noite

Ao término deste dia, ó Supremo Criador, protege o nosso repouso. Concede saúde ao corpo e fervor ao nosso espírito. Que a tua luz ilumine a escuridão desta noite. Peço-lhe, ainda, que todas as crianças tenham onde repousar a cabeça. Amém!

ORAÇÃO DOS NOVE
AOS DEZ ANOS

Consagração a Nossa Senhora

Ó Senhora minha, ó minha Mãe, eu me ofereço
todo(a) a vós. E, em prova da minha devoção para
convosco, vos consagro neste dia e para sempre os
meus olhos, os meus ouvidos, a minha boca,
o meu coração e inteiramente todo o meu ser.
E como assim sou vosso(a), ó incomparável Mãe,
guardai-me e defendei-me como filho(a)
e propriedade vossa. Amém!

Salve-Rainha

Salve, Rainha, Mãe de misericórdia, vida, doçura e esperança nossa, salve! A vós bradamos os degredados filhos de Eva. A vós suspiramos, gemendo e chorando neste vale de lágrimas. Eia, pois, advogada nossa, esses vossos olhos misericordiosos a nós volvei; e depois deste desterro mostrai-nos Jesus, bendito fruto do vosso ventre, ó clemente, ó piedosa, ó doce e sempre Virgem Maria.

V.: Rogai por nós, Santa Mãe de Deus.

R.: Para que sejamos dignos das promessas de Cristo.

Oração do Angelus
(reza-se ao meio-dia)

O anjo do Senhor anunciou a Maria.
E ela concebeu do Espírito Santo.
Ave Maria...

Eis aqui a serva do Senhor.
Faça-se em mim segundo a tua Palavra.
Ave Maria...

E o Verbo se fez carne.
E habitou entre nós.
Ave Maria...

Oremos: Infundi Senhor, nós vos suplicamos a
vossa Graça em nossas almas, para que nós,
que pela Anunciação do Anjo conhecemos a
Encarnação de Jesus Cristo vosso Filho,
e que pela sua Paixão e Morte na Cruz,
sejamos conduzidos à glória na ressurreição,
pelo mesmo Jesus Cristo e Senhor nosso. Amém!

Glória ao Pai...

Ato de Contrição

Meu Deus, eu me arrependo de todo o coração de
todos os meus pecados e os detesto, porque pecando
não só mereci as penas que justamente estabelecestes,
mas principalmente porque ofendi a Vós,
sumo bem e digno de ser amado sobre todas as coisas.
Por isso, proponho firmemente, com a ajuda da
vossa graça, não mais pecar e fugir das ocasiões
próximas de pecar. Amém!

Creio

Creio em Deus Pai todo-poderoso, criador do céu e
da terra; e em Jesus Cristo, seu único Filho,
nosso Senhor; que foi concebido pelo poder do
Espírito Santo; nasceu da Virgem Maria, padeceu sob
Pôncio Pilatos, foi crucificado, morto e sepultado;
desceu à mansão dos mortos; ressuscitou ao
terceiro dia; subiu aos céus; está sentado à direita de
Deus Pai todo-poderoso, de onde há de vir a julgar
os vivos e os mortos.

Creio no Espírito Santo,
na Santa Igreja Católica, na comunhão dos santos,
na remissão dos pecados, na ressurreição da
carne e na vida eterna. Amém!

Hino de louvor

Glória a Deus nas alturas, e paz na terra aos homens
por ele amados.

Senhor Deus, rei dos céus, Deus Pai todo-poderoso:

Nós vos louvamos, nós vos bendizemos,
nós vos adoramos.

Nós vos glorificamos, nós vos damos graças por vossa
imensa glória.

Senhor Jesus Cristo, Filho unigênito.

Senhor Deus, Cordeiro de Deus, Filho de Deus Pai.

Vós que tirais o pecado do mundo, tende piedade de nós.

Vós que tirais o pecado do mundo, acolhei a nossa súplica.

Vós que estais à direita do Pai, tende piedade de nós.

Só Vós sois o Santo, só Vós o Senhor.

Só Vós o Altíssimo, Jesus Cristo,

com o Espírito Santo, na glória de Deus Pai.

Amém!

Confissão dos pecados

Confesso a Deus todo-poderoso e a vós, irmãos e
irmãs, que pequei muitas vezes por pensamentos
e palavras, atos e omissões, por minha culpa,
minha tão grande culpa. E peço à Virgem Maria,
aos anjos e santos e a vós, irmãos e irmãs,
que rogueis por mim a Deus, nosso Senhor.

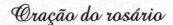

Oração do rosário

Inicia-se a oração do rosário com o sinal da cruz. Depois reza-se a oração de oferecimento:

> *Divino Jesus, eu vos ofereço este terço que vou rezar contemplando os mistérios de nossa redenção. Concedei-me, pela intercessão de Maria, vossa Mãe Santíssima, a quem me dirijo, as virtudes que me são necessárias para bem rezá-lo e a graça de ganhar as indulgências anexas a esta devoção. (Ofereço-vos particularmente este terço por...)*

Reza-se o Creio, 1 Pai-nosso, 3 Ave-Marias, o Glória-ao-Pai e a seguinte jaculatória:

> *Ó meu Jesus, perdoai-nos, livrai-nos do fogo do inferno, levai as almas todas para o céu e socorrei as que mais precisarem.*

Depois de anunciar os mistérios reza-se 1 Pai-nosso, 10 Ave-Marias, o Glória-ao-Pai e a jaculatória.

Mistérios Gososos
(segundas e sábados)

1. No primeiro mistério gozoso contemplamos a anunciação do Arcanjo São Gabriel à Virgem Santíssima (cf. Lc 1,26-39).

2. No segundo mistério contemplamos a visita de Maria a sua prima Santa Isabel (cf. Lc 1,39-56).

3. No terceiro mistério contemplamos o nascimento de nosso Senhor Jesus Cristo na gruta de Belém (cf. Lc 2,1-15).

4. No quarto mistério contemplamos a apresentação do Menino Jesus no Templo, onde Maria encontra o velho Simeão (cf. Lc 2,22-33).

5. No quinto mistério contemplamos Jesus perdido e encontrado no templo entre os doutores (cf. Lc 2,42-52).

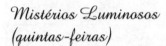

Mistérios Luminosos
(quintas-feiras)

1. No primeiro mistério contemplamos Jesus sendo batizado por João Batista no rio Jordão (cf. Mt 3,13-16).

2. No segundo mistério contemplamos Jesus nas Bodas de Caná, quando a pedido de sua mãe, transforma água em vinho (cf. Jo 2,1-12).

3. No terceiro mistério contemplamos Jesus anunciando o Reino de Deus e convidando à conversão (cf. Mc 1,14-15).

4. No quarto mistério contemplamos a transfiguração de Jesus no monte Tabor (cf. Lc 9,28-36).

5. No quinto mistério contemplamos a Santa Ceia, na qual Jesus institui a Eucaristia (cf. Mt 26,26-29).

Mistérios Dolorosos
(terças e sextas-feiras)

1. No primeiro mistério contemplamos a agonia de Jesus no jardim das Oliveiras (cf. Mc 14,32-43).

2. No segundo mistério contemplamos Jesus açoitado por ordem de Pilatos (cf. Jo 18,38-40; 19,1).

3. No terceiro mistério contemplamos Jesus coroado de espinhos (cf. Mt 27,27-32).

4. No quarto mistério contemplamos Jesus carregando a cruz até o monte Calvário (cf. Lc 23,20-32; Mc 8,34b).

5. No quinto mistério contemplamos a crucificação e a morte de Jesus na cruz (cf. 23,33-47).

Mistérios Gloriosos
(quartas-feiras e domingos)

1. No primeiro mistério contemplamos a ressurreição de Jesus Cristo, nosso Senhor (cf. Mc 16,1-8).

2. No segundo mistério contemplamos a ascensão de Jesus Cristo ao céu (cf. At 1,4-11).

3. No terceiro mistério contemplamos a vinda do Espírito Santo sobre Nossa Senhora e os apóstolos (cf. At 2,1-14).

4. No quarto mistério contemplamos a assunção de Nossa Senhora ao céu (cf. 1Cor 15,20-23.53-55).

5. No quinto mistério contemplamos a coroação de Nossa Senhora como Rainha do céu e da terra (cf. Ap 12,1-6).

Agradecimento

Infinitas graças vos damos, soberana Rainha, pelos benefícios que recebemos todos os dias de vossas mãos liberais, dignai-vos agora e para sempre tomar-nos debaixo de vosso poderoso amparo, e para mais vos alegrar vos saudamos com uma Salve-Rainha:

Salve, Rainha, Mãe de misericórdia, vida, doçura e esperança nossa, salve! A vós bradamos os degredados filhos de Eva. A vós suspiramos, gemendo e chorando neste vale de lágrimas. Eia, pois, advogada nossa, esses vossos olhos misericordiosos a nós volvei, e depois deste desterro mostrai-nos Jesus, bendito fruto do vosso ventre. Ó clemente, ó piedosa, ó doce e sempre Virgem Maria.

V.: Rogai por nós, Santa Mãe de Deus.

R.: Para que sejamos dignos das promessas de Cristo.

Ladainha de Nossa Senhora

Senhor, tende piedade de nós. (Repete-se)

Jesus Cristo, tende piedade de nós. (Repete-se)

Senhor, tende piedade de nós. (Repete-se)

Jesus Cristo, ouvi-nos. (Repete-se)

Jesus Cristo, atendei-nos. (Repete-se)

Pai celeste que sois Deus, tende piedade de nós.

Filho, Redentor do mundo, que sois Deus,
tende piedade de nós.

Espírito Santo, que sois Deus, tende piedade de nós.

Santíssima Trindade, que sois um só Deus,
tende piedade de nós.

Santa Maria, rogai por nós.

Santa Mãe de Deus, rogai por nós.

Santa Virgem das Virgens, rogai por nós.

Mãe de Jesus Cristo, rogai por nós.

Mãe da divina graça, rogai por nós.

Mãe puríssima, rogai por nós.

Mãe castíssima, rogai por nós.

Mãe imaculada, rogai por nós.

Mãe intacta, rogai por nós.
Mãe amável, rogai por nós.
Mãe admirável, rogai por nós.
Mãe do bom conselho, rogai por nós.
Mãe do Criador, rogai por nós.
Mãe do Salvador, rogai por nós.
Mãe da Igreja, rogai por nós.
Virgem prudentíssima, rogai por nós.
Virgem venerável, rogai por nós.
Virgem louvável, rogai por nós.
Virgem poderosa, rogai por nós.
Virgem clemente, rogai por nós.
Virgem fiel, rogai por nós.
Espelho de justiça, rogai por nós.
Sede de sabedoria, rogai por nós.
Causa da nossa alegria, rogai por nós.
Vaso espiritual, rogai por nós.
Vaso honorífico, rogai por nós.
Vaso insigne de devoção, rogai por nós.
Rosa mística, rogai por nós.

Torre de David, rogai por nós.

Torre de marfim, rogai por nós.

Casa de ouro, rogai por nós.

Arca da aliança, rogai por nós.

Porta do céu, rogai por nós.

Estrela da manhã, rogai por nós.

Saúde dos enfermos, rogai por nós.

Refúgio dos pecadores, rogai por nós.

Consoladora dos aflitos, rogai por nós.

Auxílio dos cristãos, rogai por nós.

Rainha dos anjos, rogai por nós.

Rainha dos patriarcas, rogai por nós.

Rainha dos profetas, rogai por nós.

Rainha dos apóstolos, rogai por nós.

Rainha dos mártires, rogai por nós.

Rainha dos confessores, rogai por nós.

Rainha das virgens, rogai por nós.

Rainha de todos os santos, rogai por nós.

Rainha concebida sem pecado original, rogai por nós.

Rainha elevada ao céu em corpo e alma, rogai por nós.

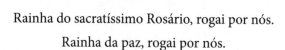

Rainha do sacratíssimo Rosário, rogai por nós.

Rainha da paz, rogai por nós.

Cordeiro de Deus, que tirais os pecados do mundo, perdoai-nos Senhor.

Cordeiro de Deus, que tirais os pecados do mundo, ouvi-nos Senhor.

Cordeiro de Deus, que tirais os pecados do mundo, tende piedade de nós.

V.: Rogai por nós, Santa Mãe de Deus.

R.: Para que sejamos dignos das promessas de Cristo.

Oremos: Senhor Deus, nós vos suplicamos que concedais aos vossos servos perpétua saúde de alma e de corpo; e que, pela gloriosa intercessão da bem-aventurada sempre Virgem Maria, sejamos livres da presente tristeza e gozemos da eterna alegria.
Por Cristo Nosso Senhor. Amém!

ORAÇÃO DOS 11
AOS 12 ANOS

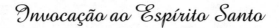

Invocação ao Espírito Santo

Vinde, Espírito Santo, enchei os corações dos vossos
fiéis e acendei neles o fogo do vosso amor.
Enviai o vosso Espírito e tudo será criado,
e renovareis a face da terra.

Oremos: Ó Deus, que instruístes os corações dos
vossos fiéis com a luz do Espírito Santo, fazei que
apreciemos retamente todas as coisas segundo o
mesmo Espírito e gozemos de sua consolação.
Por Cristo Senhor Nosso. Amém!

Oração ao Espírito Santo

Ó Espírito Santo! Amor do Pai e do Filho, inspirai-me sempre o que devo pensar, o que devo dizer, como dizê-lo, o que devo calar, o que devo escrever, como devo agir, o que devo fazer para procurar vossa glória, o bem das pessoas e minha própria santificação. Amém!

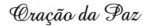

Oração da Paz

Senhor, fazei-me instrumento de vossa paz.

Onde houver ódio, que eu leve o amor.

Onde houver ofensa, que eu leve o perdão.

Onde houver discórdia, que eu leve a união.

Onde houver dúvidas, que eu leve a fé.

Onde houver erro, que eu leve a verdade.

Onde houver desespero, que eu leve a esperança.

Onde houver tristeza, que eu leve a alegria.

Onde houver trevas, que eu leve a luz.

Ó Mestre, fazei que eu procure mais consolar que ser consolado.

Compreender que ser compreendido.

Amar que ser amado.

Pois é dando que se recebe.

É perdoando que se é perdoado.

E é morrendo que se vive para a vida eterna. Amém!

Oração atribuída a São Francisco de Assis

Alma de Cristo

Alma de Cristo, santificai-me.
Corpo de Cristo, salvai-me.
Sangue de Cristo, inebriai-me.
Água do lado de Cristo, lavai-me.
Paixão de Cristo, confortai-me.
Ó bom Jesus, ouvi-me.
Dentro de vossas chagas, escondei-me.
Não permitais que me separe de Vós.
Do espírito maligno, defendei-me.
Na hora da morte, chamai-me.
E mandai-me ir para Vós, para que, com os vossos santos, vos louve.
Por todos os séculos dos séculos. Amém!

Oração ao Sagrado Coração de Jesus

Doce Coração de meu Jesus, fazei que eu vos ame cada vez mais. Doce Coração de meu Jesus, sede meu amor. Coração de Jesus, abrasado de amor por nós, inflamai nosso coração de amor por Vós. Jesus manso e humilde de coração, fazei o meu coração semelhante ao vosso. Por toda a parte seja amado o Sagrado Coração de Jesus.

Oração do jovem

Meu Senhor Jesus Cristo, venho neste momento pedir a sabedoria para que seus ensinamentos guiem meus passos pelo caminho da verdade e da vida; venho pedir luz para que eu possa iluminar o mundo com seu exemplo de vida; venho pedir orientação divina para que eu saiba discernir entre a verdade e a mentira, a luz e as trevas, o bem e o mal. Amém!

Oração do estudante

Divino Espírito Santo, venho pedir o dom da ciência, da sabedoria e do entendimento, para que eu possa vencer a minha preguiça de estudar.
Senhor, dá-me inteligência, compreensão, memória para aprender, compreender e reter o que meus professores e professoras me ensinam. Espírito Santo, ilumina e orienta minha caminhada de estudante para que eu possa servi-lo cada vez mais. Amém!

CATEQUISTAS E CATEQUIZANDOS EM ORAÇÃO

A catequese é um momento importante para dialogarmos com Deus. É na catequese que aprendemos a falar, a dialogar com Deus. E esse diálogo acontece por meio da oração. Tanto catequistas como catequizandos precisam, na catequese, desenvolver uma atitude de oração com o Deus amoroso.

Para isso é preciso saber falar e saber ouvir. Temos que tomar o cuidado para não tornar a oração um diálogo de uma só pessoa: eu. Na oração é importante o silêncio para ouvirmos o que Deus quer nos falar.

Cada encontro de catequese precisa começar e terminar com momentos de oração/celebração, de diversas maneiras, fazendo a interiorização daquilo que o encontro vai tratar, colocando-se diante de Deus com toda a fé, a esperança e a caridade.

O cuidado com o ambiente é necessário para uma boa oração e um bom encontro de catequese. Procurem juntos – catequista e catequizandos – organizar as cadeiras em círculo, assim cada um pode ver o seu colega, seu amigo, e assim tentar enxergar Deus no outro. No centro, ou em lugar visível a todos, arrumar um pequeno altar com a Bíblia, flores, vela, crucifixo e símbolos relacionados com a oração ou com o encontro que será desenvolvido.

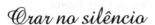

Orar no silêncio

Símbolo para esta oração: imagem de pessoas em contemplação.

Se possível coloque uma música instrumental, com sons da natureza. A música ajuda a relaxar as tensões e a concentrar-se.

Coloque-se numa posição confortável. Procure não pensar em nada, apenas sentir. Entre no seu interior, encontre o Deus amoroso e misericordioso que está no seu íntimo. Não fale nada, só fique na presença de Deus. No final deste tempo cada um reze silenciosamente:

> Meu Deus amoroso, venho perante Vós pedir a sua bênção para melhor compreender os ensinamentos que vou receber neste encontro. Quero te pedir o perdão, a paz e a sabedoria para que eu consiga, com a ajuda de todos, a ser melhor nas minhas atitudes. Amém!

Rezando com a Palavra

Símbolo para esta oração: Bíblia.

Na leitura do texto bíblico do encontro, procure fazer uma breve Leitura Orante da Palavra. Leia silenciosamente o texto uma, duas ou até três vezes (pode-se se colocar uma música instrumental, na tonalidade baixa, de maneira que não tire a atenção do texto bíblico). Nas leituras que fizer, preste atenção nos personagens, no cenário; imagine-se nesse cenário participando desse acontecimento citado no texto. Repita palavras ou frases, em voz alta, que lhe chamaram atenção. Pense: O que esse texto tem a ver com a minha vida? Quais ensinamentos que eu levo? O que posso mudar para melhorar a minha vida a partir desse texto?

Encerre esse momento com a seguinte oração:

> *Jesus, meu Mestre e Senhor, agradeço pelo belo presente que nos destes: o Santo Livro, a Bíblia. Vossa Palavra é luz para a minha vida, é o porto seguro para os momentos de tristezas e alegrias. Jesus, que através do Espírito Santo eu compreenda e acolha a tua santa Palavra, que eu te conheça, que eu te ame, que eu te sirva, para poder fazer-te conhecer, fazer-te amar e fazer-te servir. Amém!*

Rezar com a natureza

Símbolos para esta oração: folhas e galhos de árvores.

Iniciar esta oração fora da sala de catequese para observar a natureza em silêncio: Como está o céu? Tem sol? Tem chuva? Observar as árvores, os pássaros, o canto dos pássaros, passar a mão nas folhas das árvores. Andar descalço na grama. Enfim, durante este passeio, observando a natureza, aproveitar para fazer suas orações espontâneas, em silêncio, louvando, agradecendo, bendizendo o Criador pelas maravilhas da natureza. Depois do passeio volta-se para a sala e reza-se a seguinte oração:

Meu Deus, meu Criador, venho te agradecer pelas maravilhas da natureza. Venho louvar pelo céu, pelo sol, pelos ventos, pela chuva, pelos rios, pelas árvores, pelos capins, pelos animais. Ajuda-me a ter um coração aberto a toda essa alegria e a toda essa beleza e a proteger esse patrimônio, que é a natureza, para todos nós seres humanos. Amém!

Rezar pelas vocações

Símbolos para esta oração: imagens de diferentes vocações e um cartaz escrito VOCAÇÃO na parte de cima e abaixo dessa palavra estar escrito: SACERDÓCIO, MATRIMÔNIO, FAMÍLIA, CATEQUISTA, LEIGO, RELIGIOSA. Colocar as imagens relacionadas a essas vocações no espaço em que deixar o cartaz.

Observar o cartaz e as diversas vocações que temos na Igreja, fazendo os seguintes questionamentos: Em qual vocação eu me identifico neste momento? Será que quando for adulto vou me identificar com esta mesma vocação ou vou mudar? Em silêncio, pedir a Deus sabedoria e discernimento para desenvolver a vocação para a qual se sente chamado. Depois rezar esta oração:

> *Jesus, Divino Mestre, me ajude a escutar o seu chamado para que eu possa discernir qual é a minha vocação, assim podendo viver melhor a minha missão neste mundo tornando-se a sua testemunha aqui e agora. Amém!*

Rezar pela paz

Símbolos para esta oração: a imagem do globo terrestre e dois painéis. Em um painel escrever com letras grandes GUERRA e, abaixo da palavra, colocar imagens de guerra, de conflitos, de brigas, de jovens utilizando drogas, de pessoas tristes. No outro painel colocar imagens de pessoas alegres, crianças brincando, famílias passeando.

Olhar para os dois painéis e refletir: Qual painel é sinal de antirreino? E qual é sinal do Reino de Deus? Em qual situação de vida, relatada nos painéis, é melhor de se viver?

Após a reflexão rezar a seguinte oração:

> Meu Deus, olha para mim e me cura das mágoas, das tristezas, do ódio. Eu sei que o Senhor pode me curar e me dar a paz que tanto preciso para ser tua testemunha neste momento. Também peço, Senhor, que olhes para todos os países deste mundão, principalmente os que estão em guerra e ajudes os líderes dessas nações a se entenderem para cessar o sofrimento, principalmente das crianças. Amém!

Rezar pelos aniversariantes

Símbolos para esta oração: imagem de mãos postas e dois painéis de aniversariantes: um com as datas do nascimento de cada catequizando(a) e outro com uma imagem de Jesus Cristo tendo em volta o nome de cada catequizando(a) com a data de seu batismo.

Para esse momento preparar balões – um para cada catequizando(a) – e uma tarja de papel com o nome de cada um. Colocar a tarja com o nome escrito, uma em cada balão, encher e amarrar.

Realizar a observação dos dois painéis: o de aniversário é o nascimento para o mundo e o do batismo é o nascimento para Deus. Os dois são importantes, são duas datas marcantes em nossa vida.

Depois desse tempo de observação cada um deverá escolher um balão e se colocar no centro da sala, enquanto toca uma música (de preferência cantos sobre o batismo), os catequizandos(as), juntamente com a catequista, batem no balão, jogando para o alto, sem deixar cair no chão. Enquanto toca a música todos batem nos balões que estiverem perto (não precisa ser o balão que cada um escolheu), tentando evitar que caiam no chão.

Cuidar para não estourarem os balões, mas se alguém estourar deverá sentar e ficar com o papel que estava dentro do balão. Depois que parar a música (não precisa tocar a música inteira), deve-se estourar os balões e cada um pega o papel que estiver dentro, sentando-se em seu lugar. Um de cada vez irá revelar o nome que pegou. Depois da revelação dos nomes cada um assume o compromisso de ser padrinho/madrinha de oração dessa pessoa. Este compromisso será rezar durante o ano de catequese para que essa pessoa se torne cada vez mais próxima a Cristo. Após a dinâmica, fazer a seguinte oração:

> *Meu Deus, quero agradecer, neste momento, pelo dom da vida. Abençoe, neste dia, todos os aniversariantes. Conceda-lhes a graça da longevidade com saúde, paz e felicidade. Olhe pela sua família para que o conduza pelo caminho da verdade e da vida. Permita que essa pessoa que hoje completa mais um ano de vida seja um exemplo dos valores cristãos. Amém!*

Rezar pela família

Símbolos para esta oração: uma mesa com a imagem da Sagrada Família, um rosário, a Bíblia, flores e imagens de famílias visíveis a todos.

Observar a mesa e, em silêncio, pensar sobre a família, questionando-se: A minha família tenta se espelhar na Sagrada Família? Qual meu comportamento, atitudes e palavras que uso com os membros de minha família? Tento ser cada vez melhor para com as pessoas de minha família?

Após um momento de reflexão fazer a seguinte oração:

> Senhor, hoje quero pedir por minha família. Que a união, a compreensão, a paz e a felicidade sejam constantes em minha família. Que a minha família seja mais próxima do modelo de perfeição que é a Sagrada Família. Olhe pelos membros de minha família para que eles sejam um modelo de amor, fé e esperança. Amém!

Rezar em ação de graças

Símbolos para esta oração: mesa com imagens de pessoas em oração, paisagens da natureza, pessoas felizes e em momentos difíceis e tristes, imagem de Jesus Cristo ressuscitado, a Bíblia, flores e uma vela acesa.

Posicionar-se em círculo em volta da mesa com os símbolos para a oração. Olhar para os objetos e procurar identificar neles a ação de Deus em nossa vida. Pensar sobre o quanto recebemos dele e quais são as atitudes de agradecimento que temos manifestado pela sua bondade e por sempre estar ao nosso lado.

Em seguida, rezar esta seguinte oração:

> *Obrigado, Senhor, pelas maravilhas da natureza; obrigado pelos meus amigos; obrigado pela minha família; obrigado por eu existir; obrigado, meu Deus, por tudo o que fizestes!*

Rezar pelos doentes da comunidade

Símbolos para esta oração: uma mesa com a Bíblia, a imagem de São Camilo de Lellis (padroeiro dos enfermos), uma vela e flores.

Colocar na sala de encontro de catequese imagens de pessoas doentes.

Cada catequizando(a) escreve o nome de uma pessoa doente, pode ser da família, vizinho ou amigo. A oração do dia será pelos doentes da comunidade, principalmente pelo doente que cada um escrever o nome no papel.

Fazer um momento de silêncio e depois fazer juntos a seguinte oração:

> *Senhor Jesus Cristo, que sempre curaste e deste conforto aos doentes, pedimos que olhe para nossos doentes, dê esperanças, coragem e suporte emocional para conduzirem sua cruz. Abençoai as pessoas que cuidam dos doentes com paciência, caridade e compaixão. Amém!*

Rezar pelos catequistas

Símbolos para esta oração: uma mesa com a imagem de São José de Anchieta, patrono da catequese no Brasil, de Nossa Senhora (a primeira catequista), a Bíblia, flores e uma vela.

Na parede ou no mural da sala de catequese, colocar cartazes criativos com frases da vocação de catequistas e imagens de catequistas atuando e, se possível, fotos de catequistas da comunidade.

Conversar sobre a vocação leiga na Igreja e a importância de pessoas que doam um tempo da semana para educar crianças, adolescentes e adultos na fé.

Após a reflexão fazer a seguinte oração:

> Ó Jesus, Mestre e modelo de evangelização, abençoai nossos catequistas: homens e mulheres que se dedicam a levar a Verdade às crianças, adolescentes e adultos. Que eles sejam humildes, alegres e acolhedores. Que o Espírito Santo os inspire nas palavras e nos ensinamentos. Suscitai mais pessoas para disponibilizar seus dons a serviço da catequese. Pedimos, por intercessão de Maria, a primeira catequista, a bênção e proteção a todos os catequistas de nossa comunidade. Amém!

CATEQUÉTICO PASTORAL

Catequese – Pastoral
Ensino religioso

CULTURAL

Administração – Antropologia – Biografias
Comunicação – Dinâmicas e Jogos
Ecologia e Meio Ambiente – Educação e Pedagogia
Filosofia – História – Letras e Literatura
Obras de referência – Política – Psicologia
Saúde e Nutrição – Serviço Social e Trabalho
Sociologia

TEOLÓGICO ESPIRITUAL

Biografias – Devocionários – Espiritualidade e Mística
Espiritualidade Mariana – Franciscanismo
Autoconhecimento – Liturgia – Obras de referência
Sagrada Escritura e Livros Apócrifos – Teologia

REVISTAS

Concilium – Estudos Bíblicos
Grande Sinal – REB

VOZES NOBILIS

Uma linha editorial especial, com importantes autores, alto valor agregado e qualidade superior.

PRODUTOS SAZONAIS

Folhinha do Sagrado Coração de Jesus
Calendário de mesa do Sagrado Coração de Jesus
Agenda do Sagrado Coração de Jesus
Almanaque Santo Antônio – Agendinha
Diário Vozes – Meditações para o dia a dia
Encontro diário com Deus – Guia Litúrgico

VOZES DE BOLSO

Obras clássicas de Ciências Humanas em formato de bolso.

CADASTRE-SE
www.vozes.com.br

EDITORA VOZES LTDA.
Rua Frei Luís, 100 – Centro – Cep 25689-900 – Petrópolis, RJ
Tel.: (24) 2233-9000 – Fax: (24) 2231-4676 – E-mail: vendas@vozes.com.br

UNIDADES NO BRASIL: Belo Horizonte, MG – Brasília, DF – Campinas, SP – Cuiabá, MT
Curitiba, PR – Fortaleza, CE – Goiânia, GO – Juiz de Fora, MG
Manaus, AM – Petrópolis, RJ – Porto Alegre, RS – Recife, PE – Rio de Janeiro, RJ
Salvador, BA – São Paulo, SP